# GATTI

illustrati da Simone Gallina

GATTI
è un progetto nato sul web nel 2012, con lo scopo di disegnare quotidianamente un soggetto ogni giorno diverso, portandolo avanti in situazioni differenti. Gli schizzi sono stati disegnati con l'utilizzo dell'app Drawquest su iPad, quindi pubblicati online e condivisi dagli utenti della comunità.
Assieme a SCHIZZI e UOVA, il volume GATTI è presentato per la prima volta nella sua versione cartacea.
Lo dedico a tutti gli amanti dei felini, sia grandi che piccini.

l'Autore

in Mumbai, bus never pass!

PLAIN
MILK
please!

ALCOHOL
FREE

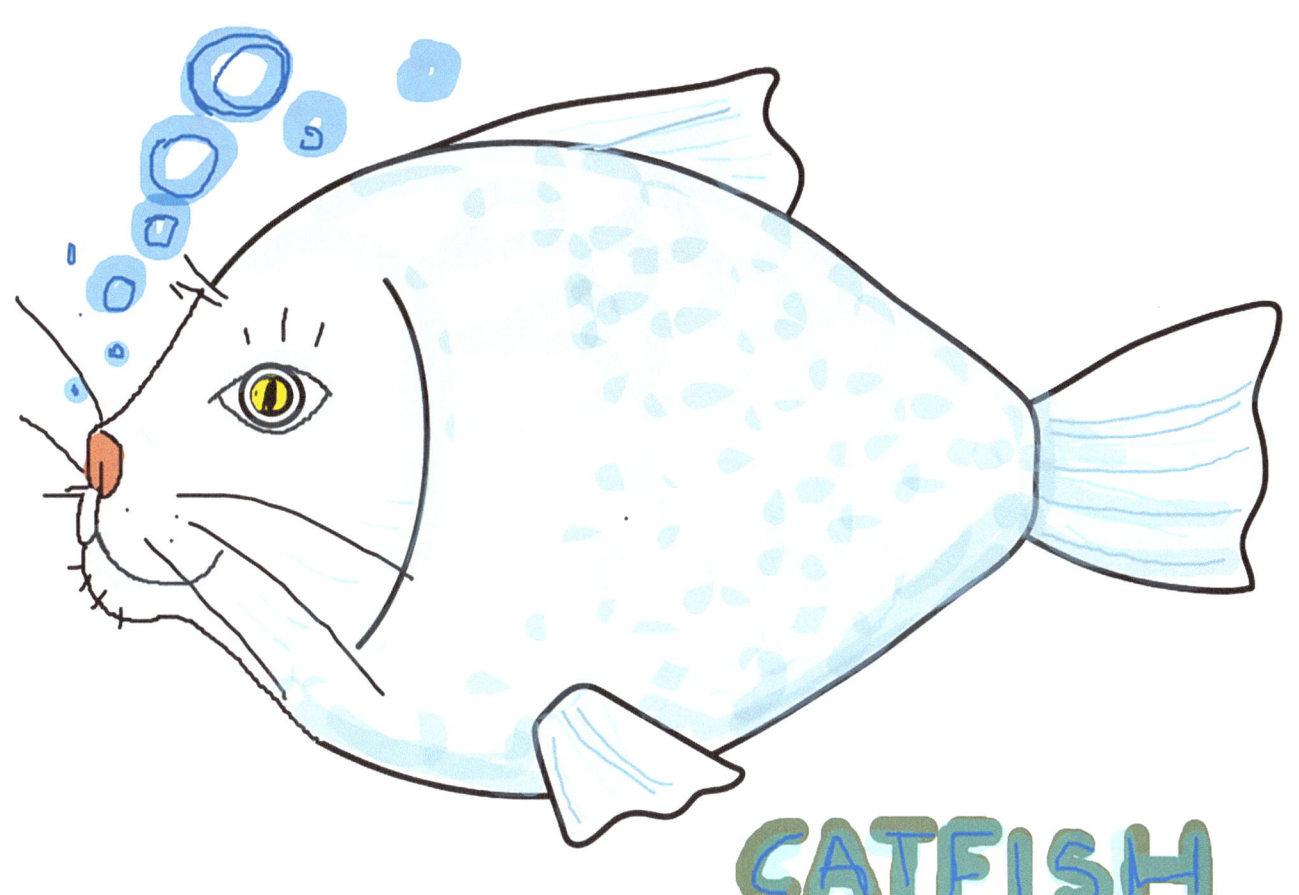

CATFISH

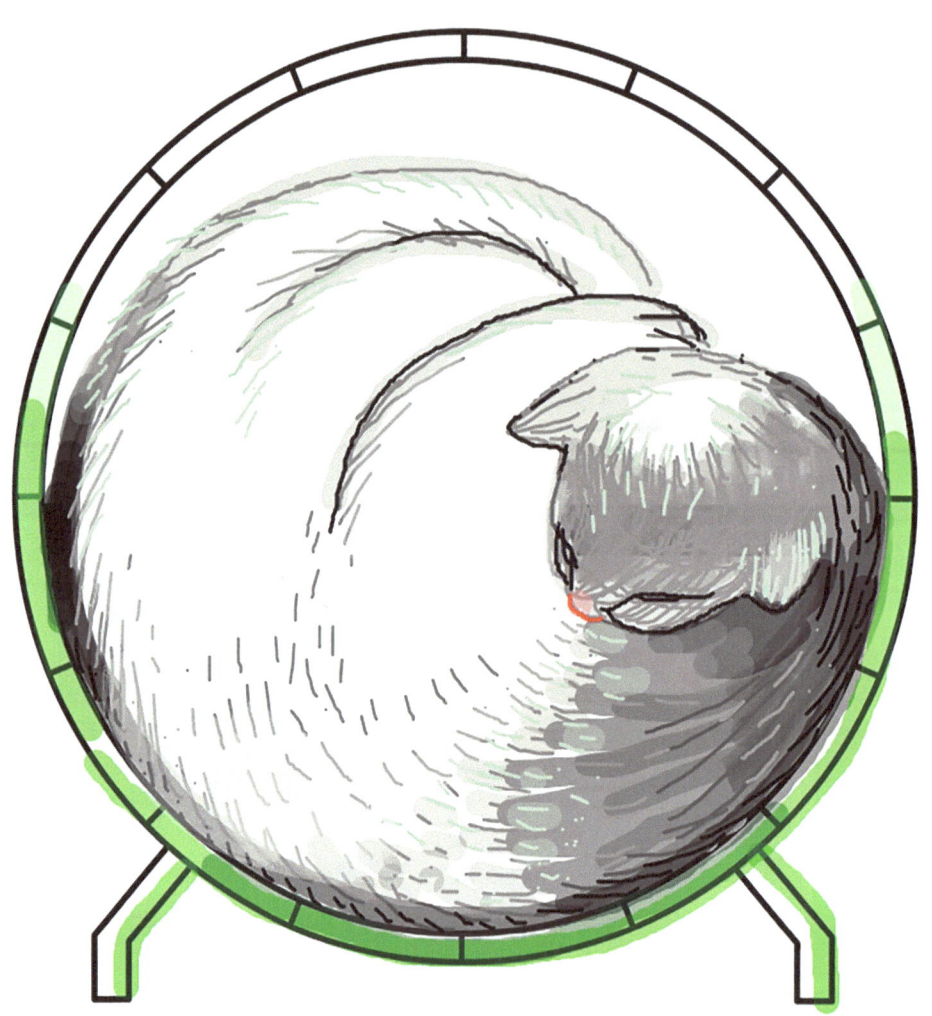

my cat
watching
iPad...

USE SCISSORS*TO CUT YOUR FORT

CARDBOARD CASTLE

*ask adult for help

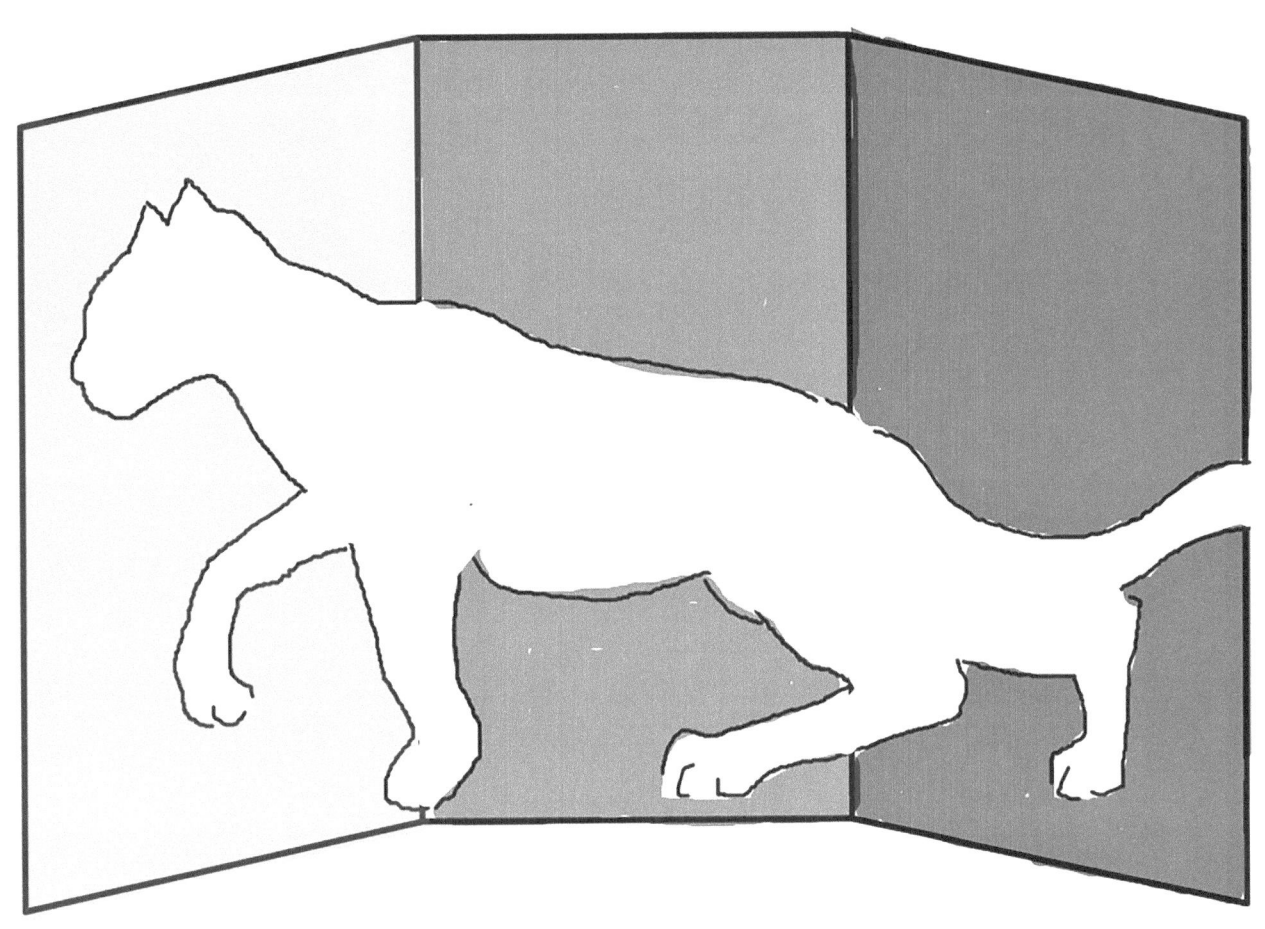

RAJ of INDIA

panvadtongbaiyai

Sima♂

Aries

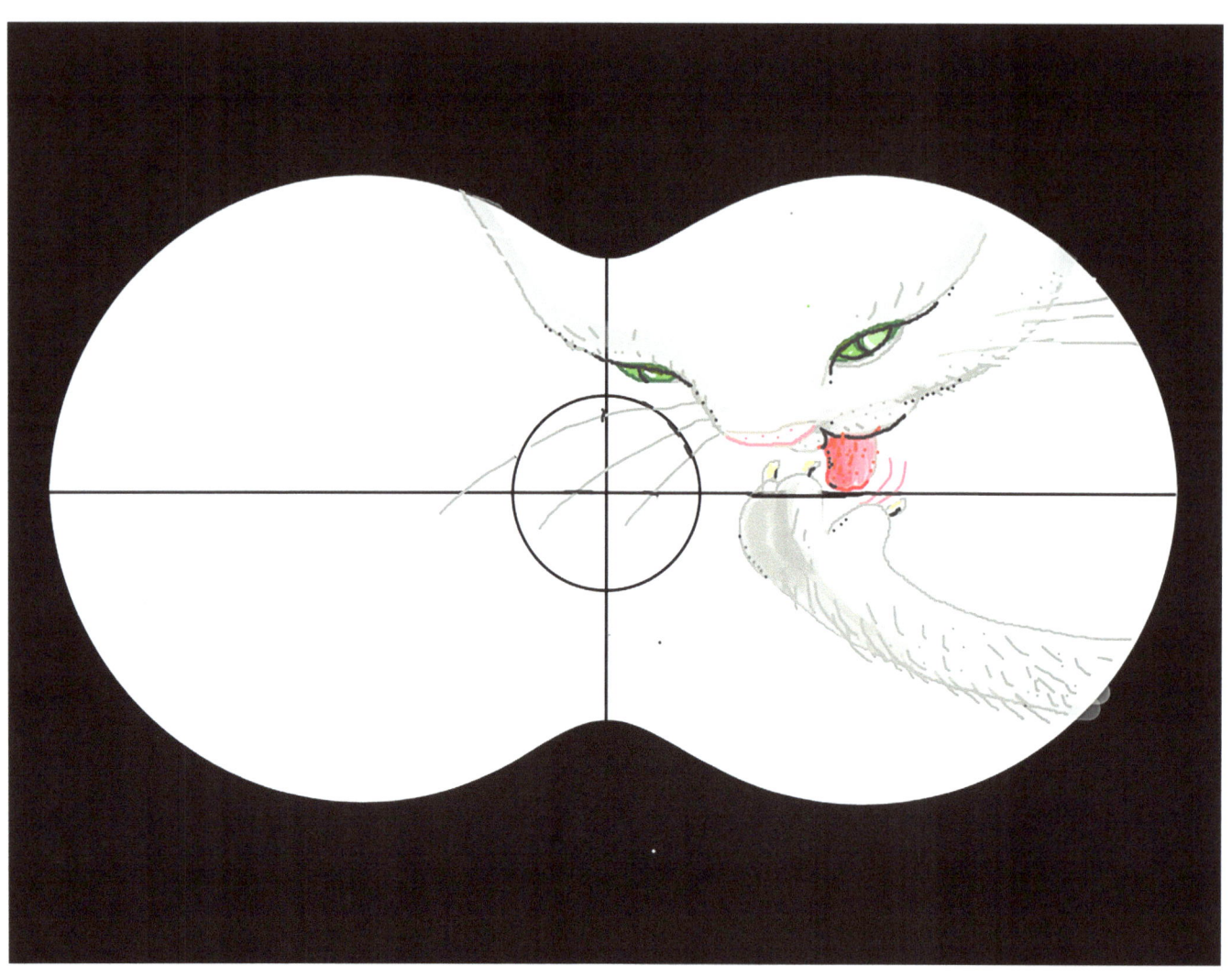

SOFT
CATS ARE THE BEST!

Before        After

DAD           MUM           SON

cangaroo cat

होली त्योहार, भारत

Simao's BIOGLOBE

WONDER
CAT

# my 2 lovely cats

SIMAO

all sketches are live on:
**drawquester.wordpress.com**